HYGIÈNE PUBLIQUE.

CONSEIL CENTRAL DE SALUBRITÉ

DU DÉPARTEMENT DE L'OISE

COMMISSION D'ENQUÊTE

sur l'installation

D'UNE IMPORTANTE USINE

DE BEAUVAIS

BEAUVAIS

TYPOGRAPHIE DE D. PÈRE, RUE SAINT-JEAN.

1874

HYGIÈNE PUBLIQUE.

CONSEIL CENTRAL DE SALUBRITÉ

DU DÉPARTEMENT DE L'OISE.

COMMISSION D'ENQUÊTE

sur l'installation

D'UNE IMPORTANTE USINE

DE BEAUVAIS.

BEAUVAIS

TYPOGRAPHIE DE D. PERE, RUE SAINT-JEAN.

—

1874.

RAPPORT

SUR LES DIVERSES OPÉRATIONS INDUSTRIELLES

pratiquées dans l'usine

DE MM. DUPONT & DESCHAMPS

de Beauvais,

PRÉSENTÉ

par le Docteur ANSELIN, de Songeons.

MEMBRES DU CONSEIL D'HYGIÈNE

de l'arrondissement de Beauvais

ET DU CONSEIL CENTRAL DE SALUBRITÉ

du département de l'Oise.

———

M. CHOPPIN ✽, Préfet de l'Oise, Président.

MM. ANSELIN ✽, Docteur en médecine à Songeons (1), *Rapporteur de la commission.*
DUPUIS, Docteur en médecine à Beauvais.
CARON, Docteur en médecine au Coudray-Saint-Germer, *Membre de la commission.*
LUCAS, Pharmacien à Beauvais.
GRAND, Pharmacien à Beauvais.
DUBOS, Vétérinaire à Beauvais (2), Secrétaire.
GOSSELIN ✽, Ingénieur en chef à Beauvais.
DODÉ, Cultivateur à Saint-Lazare (Allonne).
CAMPION, Pharmacien à Beauvais.
EVRARD ✽, Docteur en médecine à Beauvais (3), Vice-Président, *Membre de la commission.*
DUVAL, Pharmacien à Beauvais.
AUXCOUTEAUX, Architecte à Beauvais.

---

(1) Secrétaire de la commission cantonale d'hygiène de Songeons.
(2) Vétérinaire de l'arrondissement.
(3) Médecin des prisons et Médecin des épidémies.

Extrait du Rapport *sur les* Travaux du Conseil central
de salubrité du département de l'Oise. — 1874.

MÉMOIRE

relatif à la demande faite par MM. Dupont et Deschamps pour obtenir l'autorisation de continuer les diverses opérations industrielles pratiquées dans leur établissement du faubourg Saint-Jacques,

SOUMIS AU CONSEIL D'HYGIÈNE DE BEAUVAIS

dans sa séance du 25 mars 1874,

par le Dr ANSELIN,

Rapporteur de la Commission désignée.

Messieurs,

Invités par M. le Préfet à émettre votre opinion sur les diverses opérations industrielles pratiquées dans l'établissement de MM. Dupont et Deschamps, sis au faubourg Saint-Jacques, touchant ce que ces opérations peuvent avoir de contraire à l'hygiène et à la salubrité publique ou d'incommode pour les habitants des propriétés voisines, vous avez confié l'étude de la question à une commission de trois membres, composée de M. le docteur Evrard, notre honorable vice-président, et de MM. les docteurs Caron et Anselin, en me chargeant des fonctions de rapporteur.

Votre commission a visité, le 8 décembre dernier, l'usine du faubourg Saint-Jacques. Mais, en raison de l'importance des nombreuses fabrications si diverses qui s'y opèrent et ou égard au grand nombre de réclamations qu'elles soulèvent, vous avez voulu vous rendre compte aussi par vous-même de la situation, et il est permis de dire que le conseil d'hygiène de l'arrondissement a assisté tout entier à cette visite minutieuse et prolongée.

Par suite, les conclusions insérées au rapport ne seront pas basées seulement sur l'appréciation de quelques membres délégués, mais le résultat vrai de l'opinion que chacun de vous a pu se faire *de visu*.

Avec vous, nous avons passé près de quatre heures à visiter l'usine de MM. Dupont et Deschamps, et nous vous apportons le compte-rendu de ce qui s'y fait, de ce que nous y avons vu.

Depuis vingt-cinq ans déjà, dans cette même partie de la ville, et depuis douze ans environ, sur l'emplacement actuel, on se livrait, dans cet établissement, à la fabrication en grand des brosses à dents et à ongles, et cette industrie n'avait provoqué que quelques réclamations, assez discrètes d'ailleurs, contre la mauvaise odeur s'exhalant des amas de poudres d'os accumulées près des ateliers.

Mais les habiles industriels qui ont créé cette belle usine et en dirigent les travaux, ne parvenant plus à trouver dans le commerce la quantité d'os secs nécessaire à leur fabrication, ont dû s'approvisionner de produits frais dont eux-mêmes retirent les os dont ils ont besoin, en utilisant les parties molles dans des préparations qui ont complètement changé, eu égard en particulier au voisinage, les conditions d'existence de l'établissement où l'on procède désormais à des opérations multiples qui soulèvent d'énergiques protestations contre de nouvelles industries exploitées depuis quelques mois seulement.

Ainsi, l'usine reçoit incessamment, des abattoirs de Paris, de notables quantités de pieds de bœuf frais qui servent à la fabrication de la colle forte et de l'huile de pieds de bœuf; il faut procéder à la cuisson de leurs diverses parties et établir des dépôts de débris.

A ces opérations s'ajoute la préparation des soies de porc et aussi l'accumulation et le séchage, pour engrais, de la poudre d'os, qui constitue un des principaux résidus de la fabrique de brosses.

Telles sont les industries, toutes désignées dans la nomenclature du 13 décembre 1866, et rangées, les unes dans la première classe, les autres dans la deuxième ou la troisième classe des établissements réputés insalubres ou incommodes, que MM. Dupont et Deschamps demandent l'autorisation, non pas d'établir, mais de continuer dans leur usine du faubourg Saint-Jacques.

En face de faits accomplis, au milieu d'un établissement en pleine activité, le conseil n'a pas à prévoir les inconvénients pouvant survenir dans l'exercice de telle ou telle industrie, mais bien plus sûrement à enregistrer ceux qu'il lui est facile de constater pour faire connaître ensuite les moyens de les supprimer ou atténuer, conformément aux prescriptions réglementaires.

C'est ce que nous avons essayé de faire à la suite de notre visite du 8 décembre dernier, que nous devons signaler avoir eu lieu par une magnifique gelée, le thermomètre marquant 7° au-dessous de zéro, c'est-à-dire dans des conditions atmosphériques peu propres à provoquer le dégagement des mauvaises senteurs dont se plaignent tous les voisins de l'usine, plus particulièrement pendant la saison des chaleurs.

Pour éviter les longueurs et les redites, il nous a paru nécessaire, en faisant successivement la description de chacune des diverses fabrications, d'en exposer en même temps les inconvénients pour formuler immédiatement les modifications que votre commission croit nécessaire d'apporter, soit aux appareils, soit aux procédés employés, nous réservant de grouper ensuite dans un résumé final les prescriptions dont vous jugerez à propos de réclamer l'exécution.

APPROVISIONNEMENTS DE PIEDS DE BŒUF.

Les pieds de bœuf frais livrés tous les deux jours, dans des sacs, en nombre de mille pieds environ, par les abattoirs de Paris, comprennent les canons et les sabots. (Chaque envoi provient des abattages de la veille et de l'avant-veille). Ils constituent véritablement un produit de boucherie; certaines gens, en effet, en font du bouillon et en ajoutent à des tripes à la mode Caen.

Ils sont habituellement découpés et traités de suite, et des cuves les reçoivent pour qu'ils se dégorgent du sang qu'ils contiennent.

Mais ils n'arrivent pas assez abondants pour suffire aux besoins de l'usine; celle-ci reçoit, en outre, de Buénos-Ayres, des pieds de bœuf semblablement complets, qui lui sont envoyés desséchés.

Ces derniers ne pouvant être utilisés dans cet état de siccité absolue, nécessitent deux opérations préalables qui réclament notre attention: l'emmagasinage et le trempage, qui doit produire le ramollissement des parties non osseuses.

Emmagasinage. — Des approvisionnements considérables de pieds desséchés sont déposés sous un immense hangar, d'où nous sentions s'exhaler, malgré le temps pur et clair dont nous jouissions, et malgré l'abaissement de la température, des émanations d'une odeur désagréable.

Votre commission pense que ce hangar devrait être clos de murs sur toutes ses faces, en même temps que sa toiture serait pourvue d'un large système de hottes, convergeant vers une puissante cheminée d'appel, qui porterait vers les régions élevées ces exhalaisons méphitiques.

Trempage. — Trois bassins en brique, servant depuis trois mois, sont construits au nord de l'usine, au sud de la gare du chemin de fer, à 75 mètres du chemin latéral de Beauvais à Voisinlieu, et sur la rive gauche du Thérain qui traverse les dépendances de l'établissement, en même temps qu'un canal de dérivation parcourt tout le pourtour de l'avant-cour de l'usine.

Ces bassins sont les réservoirs de trempage pour le ramollissement des pieds desséchés expédiés de Buénos-Ayres. Chacun d'eux mesure 6 mètres de longueur sur 5 mètres de largeur et 1 m. 70 c. de profondeur, offrant ainsi un cubage de 51 mètres. Ils contiennent ensemble 100,000 litres d'eau, en reçoivent 50,000 litres par heure, 500,000 litres par jour, et sont alimentés par l'eau de condensation des machines à vapeur de l'établissement qui leur arrive tiède, à la température de 25 ou 30 degrés centigrades, par courants continus. Un trop-plein, installé sur l'un des côtés des bassins, les empêche de déborder, en déversant l'excédant de liquide à la rivière.

Chaque bassin est pourvu d'une vanne particulière d'écoulement qu'on lève de deux en deux heures, pendant cinq minutes chaque fois, pour laisser évacuer la couche profonde, la plus chargée de détritus animaux, en diminuant de 25 centimètres d'épaisseur (la sixième partie environ), la nappe d'eau remplissant les bassins, qui peuvent être ainsi vidés isolément ou simultanément. Tous les jours, une fois au moins, l'eau des bassins est complètement renouvelée.

Le conduit égoutteur inférieur, ouvert de deux en deux heures, débouche dans le Thérain ; à moins que la rivière ne soit très basse, ce tuyau de décharge est constamment immergé, nous a-t-on dit, et l'écoulement se fait habituellement entre deux eaux, mais toujours nous l'avons vu à découvert sur la berge : cette disposition devra être modifiée.

Il est d'observation que l'écoulement rapide et complet provoque une odeur bien plus intense que l'écoulement lent et continu. — Ce fait renferme une indication. Les bassins ne sont jamais vidés que de façon à ne pas laisser les matières à découvert : le courant d'arrivée compense la déperdition de sortie par les vannes. Toutes les semaines, un bassin est complètement vidé et balayé par l'écoulement des eaux.

Les pieds desséchés demeurent en macération dans l'eau renouvelée des bassins, pendant douze jours. On les enlève par couches, et ceux qui restent agglomérés sont immédiatement recouverts d'eau.

Il n'est pas douteux que pendant l'enlèvement des pieds il se dégage des bassins une puanteur intolérable, et il est certain que les habitants du voisinage doivent avoir à souffrir souvent de ces exhalaisons fétides et nauséabondes. Il n'est pas possible que cette opération puisse continuer à se faire à l'air libre : avis a été donné à M. Dupont de la nécessité qu'il y aurait de recouvrir ces bassins de hangars clos de murs sur toutes leurs faces, et surmontés de cheminées d'appel assurant la plus large ventilation possible. M. Dupont a répondu que ces hangars étaient en construction, que bientôt ils seraient placés, avec une élévation de 4 mètres sous poutre, clos de murs et pourvus de cheminées d'appel. Et déjà, vous avez pu, dans de nouvelles inspections de l'usine, constater avec nous que ce travail est en voie d'exécution, et dans des proportions beaucoup plus vastes que ne le comporte le terrain occupé par les bassins.

Après avoir été ramollis, les pieds de Buénos-Ayres se trouvent dans les mêmes conditions d'emploi que les pieds frais provenant des abattoirs de Paris.

Découpage des pieds. — Ces produits, de deux origines différentes, sont traités de la même façon : ils sont chauffés d'abord (mais non pas bouillis), chauffés seulement dans un mélange d'eau froide dont un jet de vapeur d'eau vient élever la température, préparatifs nécessaires pour pouvoir enlever les ergots d'un coup de marteau ; dès qu'ils sont désergotés, on les plonge, pour faciliter le dégorgement du sang, dans de l'eau froide renouvelée toutes les heures, puis on procède à l'enlèvement des tendons et à la séparation des os employés pour l'extraction de la colle forte.

Le *canon* fournit seulement de l'huile, puis il est découpé pour la fabrication des brosses.

Emmagasinage après chaulage. — Quand les pieds ne sont pas employés de suite, les parties tendineuses sont passées à la chaux pour assurer leur conservation. Après cette opération, ils sont accumulés dans des hangars où ils restent environ trois mois, pouvant y demeurer un an sans s'altérer et, nous dit-on, sans répandre aucune odeur.

Des déchets de tannerie, passés aussi à la chaux, sont en même temps conservés ainsi, en demeurant également inodores. Il ne faut pas, d'ailleurs, que ces substances se putréfient, car alors elles ne produiraient plus de gélatine; dans l'intérêt de la fabrication, il importe de les maintenir en bon état de conservation.

Quoiqu'il en soit, et comme garantie contre les émanations malsaines ou désagréables, votre commission estime que les hangars ouverts, contenant ces approvisionnements, ainsi que ceux sous lesquels sèchent les sacs qui ont servi au transport des pieds frais, devront être transformés en remises fermées, pourvues d'appareils ventilateurs avec cheminées d'appel.

Les détritus de tannerie sont lavés à l'eau acidulée, pour être débarrassés de la chaux, dans un mélange de quatre-vingt-dix-sept parties d'eau contenant trois parties d'acide chlorhydrique (3 0/0).

Cuisson.

Fabrication de la colle forte et de l'huile de pieds de bœuf. — Pour éviter toute confusion, il importe de délaisser la double dénomination de *gélatine* et de *colle forte* inscrite dans la demande d'autorisation. Il ne saurait être ici question de gélatine alimentaire, de cette gélatine provenant de peaux blanches et de peaux fraîches non tannées, dont la fabrication est classée dans la troisième catégorie : il s'agit uniquement pour nous de colle forte, dite aussi colle de gélatine, préparée avec diverses matières animales plus ou moins riches en gélatine, telles que membranes, peaux, aponévroses, tendons, os et cartilages. Les fabriques dans lesquelles on la prépare, sont rangées dans la première classe des établissements insalubres ou incommodes, à cause de la mauvaise odeur qu'elles occasionnent.

Chez M. Dupont, trente ouvriers sont employés au bouillage des os. Un lavage préalable à l'aide d'une grande roue recevant un jet d'eau froide, à rotation, doit être fait pour débarrasser les résidus de tout ce qu'ils renferment de chaux ou de saletés avant d'être cuits.

La cuisson s'opère dans des cuves à double fond, dont le supérieur est criblé de petites ouvertures : elle se fait pendant douze ou quatorze heures, à l'aide de vapeur d'eau condensée.

Pour extraire la gélatine des os, il faut d'abord en séparer la graisse qui, surnageant à la surface du liquide, est enlevée avec une cuiller : c'est l'huile de pieds de bœuf.

Le jus ou colle, passe au-dessous du fond criblé et tombe dans un réservoir où il se refroidit et s'épure : actuellement pris à bras d'homme, il sera à l'avenir recueilli avec des pompes.

Au-dessus des cuves de cuisson, la ventilation s'opère à l'aide d'un système de hottes en bois destinées à emporter les vapeurs et les odeurs.

Le jus déposé dans les évaporateurs, perd son excès d'eau, puis il s'épaissit dans le rafraîchissoir et il est transporté par seaux, dans des boîtes carrées en bois, dites moules ; là, il se forme en pains qu'il suffit de déboîter pour les découper. Ces gros pains sont coupés chacun en trois pains plus petits, par le diviseur, et ces derniers, placés dans un autre diviseur à lames, qui les réduisent en feuilles d'un centimètre au plus d'épaisseur.

Des châssis avec treillages en cordes, reçoivent ces feuilles soumises, dans un séchoir ou étuve-ventilateur (où elles séjournent de sept à huit jours) à un desséchement qui leur fait perdre 80 0/0 de leur poids, et en même temps elles prennent l'empreinte quadrillée des cordes du châssis. L'air chaud provenant d'un calorifère, est engagé par une roue de ventilateur, dans les chambres de desséchement qu'il traverse à la température de 20 ou 25 degrés. Cette série de chambres est ouverte par les deux extrémités.

L'été, quand la chaleur n'est pas trop élevée, les feuilles de colleforte sont séchées à l'air libre, sur les châssis en dehors des étuves. Puis elles sont lavées à l'eau tiède avec une brosse de chiendent pour leur donner le lustrage, et suspendues à l'air libre dans des pièces chauffées, sans courants d'air, où elles se dessèchent complètement en perdant la moitié de leur épaisseur.

Toutes ces opérations succédant à la cuisson, nous ont paru ne présenter aucun inconvénient.

Huile de pieds de bœuf. — Le travail d'épuration des graisses pressées pour faire de l'huile, consiste simplement à leur faire traverser d'abord des filtres en coutil; puis des filtres en feutre

Dépotoir des résidus.

L'eau ayant servi aux lavages et renfermant de petits os et des détritus de toute espèce, est reçue, au-dessous de la roue de lavage, dans une citerne où les matières lourdes se déposent, tandis que l'eau s'écoule au-dessus d'une muraille par un trop-plein qui la conduit au canal entourant l'avant-cour. Les parties lourdes, vidées toutes les semaines, sont vendues comme engrais, les osselets pour faire du noir animal.

Cette espèce de dépotoir qui avoisine la puissante machine à vapeur alimentée, comme vous l'avez vu, par trois générateurs, doit fixer l'attention du conseil d'hygiène, car la vidange des matières qui s'y déposent et s'y putréfient, a besoin d'être soigneusement réglementée.

Dépôt de matières fécales.

Derrière les hangars où sont accumulés les pieds desséchés arrivant de Buénos-Ayres, et autres ayant déjà subi l'opération du chaulage, nous avons constaté la présence, à 50 mètres de distance du chemin latéral de Beauvais à Voisinlieu, d'un dépôt de matières fécales mélangées à des substances absorbantes et désinfectantes et à des déchets de toute espèce. Ce dépôt, recouvert de terre, ne se révèle par aucune odeur et nous paraît ne devoir donner lieu à aucune observation.

Ateliers de préparation des crins et des soies de porc.

Le lavage des soies se fait à l'eau fraîche, puis à l'eau de potasse et à l'eau de savon. Le soufrage est pratiqué avec des canons de soufre soumis à la combustion sur des foyers disposés pour cela dans une chambre complètement close ; il s'opère sous un manteau de cheminée fermé par devant à l'aide d'un vitrage, afin qu'aucune buée ne puisse se répandre dans l'atelier, et de là au dehors. La soufrière est surmontée d'une cheminée destinée à enlever les vapeurs sulfureuses après l'opération.

Sorties de la soufrière, les soies sont passées à l'eau de blanc d'Espagne, puis elles sont desséchées dans une étuve construite en matériaux incombustibles avec porte doublée de tôle à l'intérieur.

Enfin, ces soies sont dressées sur des bobines, pressées par de petits linges qui les maintiennent droites, régulièrement et uniformément disposées.

Ateliers de découpage des os, et fabrication des brosses.

Notre longue inspection s'est terminée par la visite des ateliers de fabrication des brosses. Nous ne vous en ferons pas la description, malgré le curieux intérêt qui s'attache à cette réunion de cinq cents ouvriers, rassemblés dans une seule pièce à cloisons incomplètes élevées à hauteur d'homme, possédant chacun un outillage particulier et spécialement approprié au genre particulier de travail de chacun d'eux, outillage mis en jeu par le puissant moteur qui donne la vie à tout cet ensemble, et d'une façon si intelligemment combinée qu'il est absolument vrai de dire que les matières brutes entrées par une porte sortent par la porte opposée sous forme de brosses élégantes et solides, entièrement parachevées, poinçonnées, prêtes en un mot à être livrées au consommateur ou au vendeur.

On est frappé d'admiration en face de cette prodigieuse et si complète organisation, et l'on conçoit une haute idée du génie industriel de ceux qui savent faire prospérer l'utile établissement dans lequel ils ont eu le talent de créer d'aussi magnifiques ateliers.

Mais, des travaux qui s'y opèrent, nous ne retiendrons que ceux des ouvriers découpeurs d'os, les premiers placés près de la porte d'arrivée des matières premières. Ceux-là, tous pourvus d'une petite scie circulaire, mue par la machine à vapeur comme tous les autres appareils, donnent aux manches des brosses la longueur et l'épaisseur qu'ils doivent avoir ; après eux, viennent ceux qui, à l'aide de la lime, donnent à ces manches une forme déterminée : et tous travaillent au-dessus d'un petit bassin plein d'eau qui reçoit la poudre d'os produite par l'action de la scie ou de la lime.

Magasins de poudres d'os et procédés de dessèchement.

Cette poudre, transportée sous un vaste hangar construit à l'Est de l'usine, y est amassée, toute mouillée, par grandes quantités, pour être envoyée, comme engrais, dans le centre de la France, où on l'expédie après l'avoir égouttée, desséchée en plein air et tamisée.

Or, cet emmagasinage et ces manipulations diverses ont donné lieu à de vives réclamations qui sont parfaitement justifiées. Nous avons pu juger de la mauvaise odeur produite par cette accumulation de poudre humide, mais il paraît qu'elle n'a rien de comparable à celle qui se dégage quand on fait sécher ces déchets en plein air et en plein soleil.

Les émanations ammoniacales qui se produisent alors sont tellement intenses et insupportables que, sans nul doute, ce procédé de dessication doit être absolument proscrit et formellement interdit.

Ces poudres devraient être soumises, sans délai, à une forte pression, pour être conservées, jusqu'au moment de la vente, dans un état de dessication complète immédiatement obtenu.

L'accumulation, dans un hangar voisin, des poudres d'os desséchées jusqu'alors comme nous l'avons dit, ne présente pas les mêmes inconvénients que les amas de poudres mouillées. Il ne s'en dégage pas d'odeurs désagréables.

Altération des eaux du Thérain.

Nous devons soulever enfin, avant de clore notre rapport, la question de l'altération que peut subir le cours d'eau du Thérain, après avoir reçu toutes les eaux de macérations et de lavage de l'usine, ainsi que les eaux de trempage des bassins où séjournent, pendant douze fois vingt-quatre heures, les pieds desséchés de Buénos-Ayres.

Nous n'avons pu constater si le poisson émigre et fuit les parages de l'usine ; il paraît, au contraire, que l'on fait de fort belles pêches sur la berge de l'abattoir qui n'est pas vierge non plus, tant s'en faut, de détritus animaux en voie de décomposition. Mais nous ne pensons pas moins que, non seulement pour ce qui concerne l'écoulement des bassins de trempage, mais encore pour toutes les eaux de lavage de l'usine, une règlementation étudiée devra être prescrite et rigoureusement observée.

Votre commission estime que l'écoulement des bassins de trempage devra se faire d'une façon incessante : elle voudrait une lixiviation des pieds de Buénos-Ayres par déplacement continu dans des bassins à niveau constant.

Elle pense aussi qu'on ne devrait laisser parvenir à la rivière que des eaux débarrassées de toute espèce de détritus.

Discussion. — Conclusions.

Cet exposé vous a paru long, sans doute, Messieurs ; mais votre rôle a ici une haute portée ; car la situation dont l'examen vous est confié est grandement intéressante pour les voisins de MM. Dupont et Deschamps, et votre appréciation les préoccupe beaucoup. Votre décision aura du retentissement dans un centre important ; elle devra concilier de graves intérêts : la question devait donc être étudiée dans tous ses détails, et à tous les points de vue ; et votre commission n'a pas voulu encourir le reproche de l'avoir traitée à la légère.

Nous avons dû faire à l'usine de fréquentes visites ; nous avons dû peser avec circonspection, et l'importance des intérêts engagés, et la justesse des plaintes soulevées par les procédés de fabrication employés, et aussi faire faire divers essais pour nous assurer qu'il était possible d'améliorer considérablement l'état de choses actuel : de là le retard que nous avons mis à vous soumettre notre rapport.

M. le Préfet vous prie de l'éclairer et de le mettre à même de statuer, en connaissance de cause, sur la demande d'autorisation qui lui est adressée ; et en cas de résolution favorable, de vouloir bien lui indiquer les conditions qu'il y aurait lieu d'imposer pour garantir la salubrité publique.

Nous vous avons fait connaître tous les modes de fabrication employés dans l'usine du faubourg Saint-Jacques ; nous en avons fait ressortir tous les inconvénients, et en même temps nous avons indiqué les moyens pratiques capables de les atténuer et rendre moins incommodes.

Il vous appartient maintenant, Messieurs, de prendre une décision basée sur ces renseignements que vous avez pu contrôler vous-même, en vous transportant plusieurs fois avec nous dans les ateliers de M. Dupont.

A vous de déclarer s'il vous paraît nécessaire, comme l'expose une des réclamations de l'enquête, de prescrire le transfèrement de cet établissement à plusieurs kilomètres de toute habitation, ou s'il est opportun de faire interdire les travaux de cette importante usine qui occupe, dans son intérieur et au dehors, un si grand nombre d'ouvriers; ou bien si, plus rationnellement, et conformément aux vœux exprimés dans le rapport de l'honorable Maire de Beauvais, faisant fonctions de commissaire enquêteur, vous espérez pouvoir prescrire des mesures telles que les voisins n'éprouvent aucune gêne, dût-il en résulter pour l'industriel, des sacrifices importants.

Les plaintes des voisins, à part ce qu'elles peuvent avoir d'exagéré, sont assurément fondées : les inconvénients sont incontestables. Car si Parent-Duchatelet, pourtant bien compétent dans les questions d'hygiène publique, penche pour l'innocuité complète des émanations provenant des débris d'animaux, il nous est bien permis de nous défier de son optimisme en pareille matière. Reste d'ailleurs l'odeur, qui suffit bien pour provoquer des mesures d'assainissement : car, si elles ne sont insalubres, elles sont certes fort désagréables, ces émanations qui soulèvent tant de plaintes.

Il est certain, du reste, que les industriels de valeur, sans perdre de vue leurs intérêts, n'oublient pas qu'il faut être, à ses voisins, le moins incommode possible.

MM. Dupont et Deschamps reconnaissent avoir entrepris leurs nouvelles fabrications avec des moyens imparfaits qu'ils devaient perfectionner dans l'intérêt de leur commerce ; et, déjà, de leur initiative privée, ils ont apporté diverses améliorations à leurs procédés de production.

D'ailleurs, quand on parcourt un établissement où, comme dans celui-ci, l'esprit d'organisation, d'ordre et de régularité, se révèle en tout et partout, on comprend (et c'est assurément l'impression que vous en aurez tous rapporté), on comprend que si une amélioration fait défaut, c'est qu'elle n'a pas été prévue ou que le temps a manqué pour la réaliser ; on comprend que la question de dépense n'est rien, quand il s'agit d'un perfectionnement et surtout d'une nécessité.

Telle est, du moins, l'opinion que nous avons pu nous former sur cette usine, grâce au louable empressement mis par les chefs de l'établissement à nous tout montrer en détail et soigneusement expliquer dans nos visites réitérées au faubourg Saint-Jacques.

C'est pourquoi votre commission pense qu'il est possible d'autoriser la continuation des travaux, mais sous les conditions suivantes qu'il lui paraît indispensable de prescrire :

1° Tous les magasins de dépôt seront, ainsi que les ateliers, dallés ou bitumés, clos de murs sur toutes leurs faces, avec couvertures munies de cheminées d'aération. Les cuves de cuisson et d'évaporation seront surmontées de hottes conduisant les vapeurs au-dessus de la toiture.

2° Les ateliers, cuves et ustensiles servant à la fabrication, seront lavés chaque jour après le travail, et, au moins deux fois par semaine, on emploiera l'eau chlorurée, dont on devra toujours avoir un approvisionnement suffisant.

3° L'eau alimentant les bassins et les cuves, devra être incessamment remplacée par des courants continus : les conduits d'arrivée et de sortie seront réglés de manière à ce que les matières ne soient jamais à découvert, et que le liquide soit renouvelé complètement, dans chaque cuve ou bassin, deux fois au moins par chaque journée de travail.

4° Toutes les eaux provenant de l'usine ne seront déversées à la rivière (ou dans le canal de l'avant-cour, pour celles du dépotoir), qu'après avoir été complètement débarrassées de toute matière étrangère, et clarifiées, au moyen de bassins d'épuration disposés à cet effet ; les orifices de sortie seront garnis de grilles à mailles serrées, et devront être immergés au-dessous du niveau du cours d'eau.

5° Le fond de ces bassins d'épuration sera curé fréquemment, pour en enlever les résidus solides qui pourraient s'y accumuler. Ces résidus seront mélangés à des matières désinfectantes et enlevés, chaque semaine, dans des tonneaux fermés, ainsi que les marcs de colle qui se déposent dans la citerne placée près des générateurs.

6° Les poudres d'os seront soumises à l'action d'une presse et desséchées, en lieu clos, au fur et à mesure de leur production.

7° Toutes les matières animales qui ne seraient pas employées immédiatement, devront être mises à la chaux.

8° Toutes ces prescriptions doivent être rigoureusement observées, et sous toutes réserves, c'est-à-dire sans préjudice des mesures que l'expérience pourrait rendre ultérieurement nécessaires.

Le rapporteur de la commission,
D' J. ANSELIN.

Le vice-président,
D' EVRARD.

Par arrêté en date du 16 mai 1874, M. le Préfet a autorisé MM. Dupont et Deschamps à annexer, ou plutôt à maintenir dans leur usine, sous les conditions ci-dessus formulées, les nouveaux ateliers et les divers appareils qu'ils y ont installés pour exercer leur nouvelle industrie.

(Note du Rapporteur.)

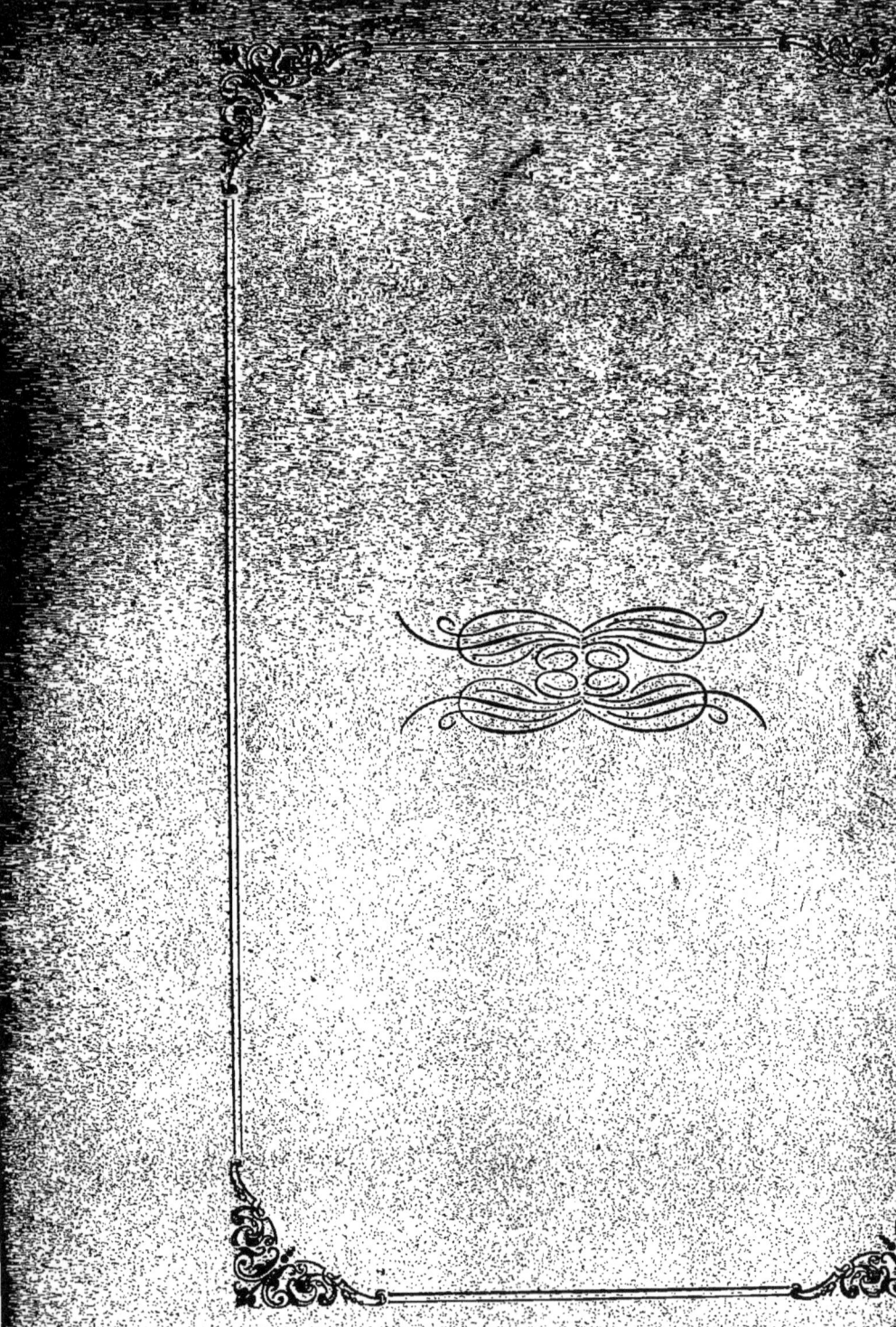

www.ingramcontent.com/pod-product-compliance
Lightning Source LLC
Chambersburg PA
CBHW060636050426
42451CB00012B/2613